AF371148

PROJET DE L'HISTOIRE DU LANGUEDOC.

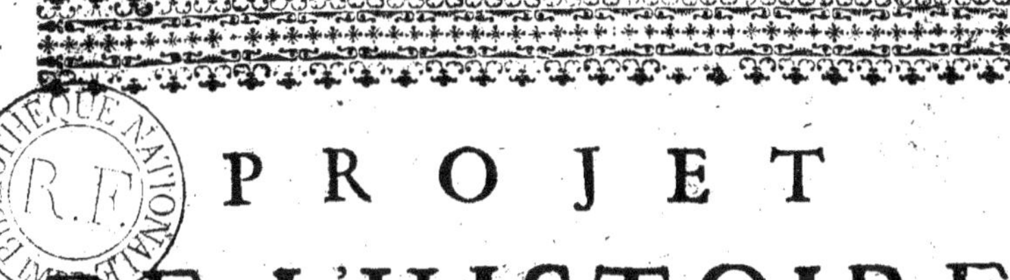

par Dom Gabriel Marcland.

IL y a quelque tems que feu Monseigneur le Goux de la Berchere Archevêque de Narbonne, ayant représenté à Messeigneurs tenans les Etats du Languedoc, qu'il seroit de leur dignité de procurer au Public l'Histoire generale de cette Province ; la Compagnie après l'avoir remercié de sa remontrance qui ne pouvoit que leur être honorable, & supplié de faire lui-même le choix des personnes pour la composition de cet Ouvrage, cet illustre Prélat dont la mémoire sera toûjours en odeur de benediction dans les deux Narbonnoises, voulut bien en déférer l'honneur aux Benedictins de la Congregation de S. Maur.

Comme l'entreprise est nouvelle, n'y ayant point encore d'histoire qu'on puisse appeller generale, & qu'un petit nombre de particulieres qui regardent quelques-unes de ses parties, il a fallu ramasser dans les anciens Historiens les faits qui doivent y entrer, & puiser ceux des tems moyens & bas, dans les Bibliotheques & Archives publiques & particulieres, & dans les Cabinets des curieux où ils étoient ensevelis, & qui avoient échappé aux laborieuses recherches du sçavant M. du Catel.

La recherche & decouverte de ces materiaux dispersez en ces lieux-là, n'est pas une chose aussi aisée que l'on pourroit s'imaginer, non plus que le choix & l'arrangement, sur tout quand il s'agit, comme ici, d'une Histoire, qui a mille ans d'Antiquité sur celle de France ; d'un Peuple qui successivement sous divers Maîtres a porté ses armes victorieuses dans les trois parties de l'ancien monde, & d'une Province qu'il y en a peu d'autres où l'on ait vû de si grandes révolutions. On n'ignore pas combien les goûts sont differens, soit pour les choses, soit pour la disposition & pour l'ordre : à l'égard des choses, il y en aura une si grande varieté, qu'on a lieu d'esperer que chacun trouvera de quoi se satisfaire, à moins qu'il n'aime la Fable : car on se fait une loy de ne rien avancer qui le ressente. On n'ose pas se promettre la même chose touchant l'arrangement ; cependant après y avoir meurement pensé, il nous a semblé que l'ordre chronologique étoit le plus convenable, & même le seul que l'on doive suivre à raison des divers Maîtres qui ont gouverné les Peuples de cette Provinces. Les Celtes ou Volces divisez en Tectosages, & Arecomiques en étoient les originaires ; ils passerent premierement sous la domination des Romains, ensuite sous celle des Visigoths, ausquels à quelques intervales près succederent les Comtes,

A

& à ceux-ci les Rois de France. Ces cinq changemens qui feront chacun son époque partageront cette Histoire en autant de Parties, lesquelles quoi qu'inégales
pour le nombre des évenemens ne le feront pas pour la durée qui sera d'environ
cinq cens ans pour chacune, ni pour la singularité des faits, ils sont tous remar-
quables. Les Celtes & les Tectosages paroîtront les premiers sur la Scene, & s'y feront admirer par leur valeur & par leurs conquêtes. Les Romains devenus les
Maîtres du Pays ouvriront la seconde, & s'y feront haïr par leur orgueil & par
leurs extorsions. L'entrée des Visigoths commencera la troisiéme ; ils s'y feront ai-
mer par la douceur de leur gouvernement, & regretter, quand après un Regne de
trois cens ans, ils feront place aux Sarrasins, lesquels en feront chassez par les quatre
premiers Rois de la seconde race, qui comme les Visigoths feront les delices de la
Province, ce qui nous conduira aux Comtes, lesquels rempliront la quatriéme,
qui finira sous le Regne de Philippe le Hardi, par la réünion immediate de presque
toutes ces Comtez en sa main, qu'il a transmis avec sa Couronne aux Rois successeurs, & à Louis XV. heureusement regnant.

I. Epoque. La premiere époque, que nous appellons le Languedoc sous les Celtes & Volces-
Tectosages, commencera environ six cens ans avant la Naissance de Jesus-Christ.
L'histoire nous fournit peu de faits sur tous ces tems-là, mais leur éclat nous dé-
domage du nombre. Elle nous apprendra que pour décharger le pays il en sortit par
differentes routes, & en divers tems, trois Armées composées de jeunes avanturiers,
& que leurs expéditions furent si heureuses, qu'il est difficile de marquer celle des
trois qui s'acquit le plus de gloire. L'une, sous le nom des Celtes, après avoir fran-
chi le col des Pyrenées, & donné plusieurs batailles à ces peuples d'Espagne, qu'on
nommoit alors Iberiens, les obligea enfin de faire la paix, de s'allier avec eux par
des mariages, des deux Nations n'en faire qu'une ; & que pour en éterniser la mémoire,
le Pays à l'avenir seroit appellé Celtiberie, & les habitans Celtiberiens. L'autre,
qui sous le nom de Tectosages se joignit à celle du Prince Sigovese, après avoir forcé
le passage du Rhin, & conquis la plus fertile contrée de la Germanie, s'y maintint
avec tant de valeur contre ses ennemis, tant d'équité & de justice avec ses voisins,
que Cesar, qui n'est pas prodigue de loüanges, n'a pû s'empêcher de faire leur éloge.
Et la troisiéme, sous le même nom de Tectosages, après avoir forcé le Pas des Ter-
mopyles, défendu par quatre-vingts mille Grecs, & s'etre enrichis des dépouilles
du temple de Delphes, alla se faire un pareil établissement & avec la même répu-
tation dans la Bythinie. On y voit encore d'augustes monumens de leur puissance
dans les villes de Tabia, de Pessim, d'Angoury & de Siuves, dont ils sont fon-
dateurs. Les deux dernieres sont aujourd'huy Metropoles, une Ecclesiastique &
l'autre Civile ; & si l'on veut se former une idée de leur courage & de l'étenduë des
Etats qu'ils y possedoient, il ne faut que se souvenir que les Romains décernerent
l'honneur du triomphe au Proconsul, qui rendit leurs Rois tributaires de la Répu-
blique.

Pendant que nos Tectosages bâtissoient des villes dans l'Asie, on construisoit dans
leur pays natal & en Languedoc, celles de Vindomagus, de Rhode, d'Heraclée, de
Maguelone, d'Elne, de Cesseron, d'Agde, d'Illiberis & de Ruscino. Les trois pre-
mieres ne sont plus, il ne reste de Maguelone & d'Elne qu'une Eglise, elles étoient
autrefois Episcopales comme l'est aujourd'huy Agde ; mais il semble que les deux dernieres étoient alors les plus celebres, elles le furent du moins par rapport à ce qu'il s'y
fit. Ce fut dans Ruscino que nos Rois, qui y étoient assemblez, donnerent audience

aux Ambassadeurs d'Annibal & à ceux des Romains. Les premiers vinrent les prier
modestement d'accorder, à telles conditions qu'il leur plairoit, le passage par le Languedoc, pour l'Armée des Carthaginois, composée de plus de cens mille hommes ;
elles furent reglées ces conditions à Illiberis par Annibal, à qui nos Rois, par une noble
émulation, en déférerent l'honneur, & applaudies, parce qu'elles font dignes de la
generosité & de la politesse de ce General, & de nos Princes. Il n'y eut que les Romains qui ne les trouverent pas de bon goût, ils étoient venus dans l'esperance d'obtenir qu'on lui refuseroit le passage. Nos Rois, après leur avoir remontré en des
termes un peu durs, le ridicule de leur demande, les renvoyerent avec une sage leçon
pour leur Senat. Mais ces vindicatifs Republiquains oubliant la leçon, ne se souvien-
dront que du refus qu'ils feront payer bien cherement à nos Tectosages, quand ils
les auront soûmis à leur Empire ; on le verra dans la seconde époque.

II. Epoque.

On expliquera d'abord la maniere que le Languedoc passa sous la domination Romaine ; on la croit très-differente de celle des Provinces voisines qui se virent forcées
de subir le joug, mais il n'en fut pas mieux traitté. A peine il se fera mis sous la protection de la Republique, qu'elle oubliera les conventions & le laissera en proïe aux
avanies de ses Proconsuls. Il déviendra peu après le theatre des formidables guerres,
qu'elle eut à soûtenir contre les Cymbres & les Ambrons ; contre Sertorius & contre
les Gaulois. Il ne faut pas douter que la douleur de se voir foulé d'un côté par cinq à
six cens mille Barbares, & d'autre par deux à trois cens mille Romains, qui ne va-
loient pas mieux, fut un peu adoucie par le plaisir de les voir s'entre-tuër, & de ser-
vir de tombeau une fois à quatre-vingts mille Romains, de prison à quarante mille,
& puis de Cimetiere à tout le reste des Barbares. Il ne joüit pas long-tems de ce triste
plaisir, la guerre de Sertorius vint l'interrompre & fut suivie de celle des Gaulois,
qui conservoient toûjours le désir de secoüer le joug. L'absence de Cesar leur parut
favorable, ils ouvrirent la Campagne par le ravage du Vivarez & du reste du Bas-
Languedoc, dont Vercingentorix n'avoit pû ébranler la fidélité, comme il avoit
fait celle du Quercy, du Roüergue, de l'Auvergne & même du Givaudan, & cette
guerre finira dans le même Languedoc. S'il est vrai (ainsi qu'un sçavant moderne
croit l'avoir demontré) que ce Prince avec tout ce qu'il put rallier de ses troupes,
alla se renfermer dans Alais, Château des Cevennes, où il fut assiegé & fait prison-
nier ; c'est ce que nous examinerons.

Ce sera seulement sous les Empereurs que nous verrons le Languedoc recompensé
de sa constante fidélité. Cesar lui ouvrira l'entrée du Senat, Auguste choisira Narbonne pour y tenir en personne les Etats Généraux des Gaules ; il y fera le partage
de ces vastes Provinces ; donnera à la quatriéme le nom de Narbonnoise, & cou-
ronnera tous ces honneurs par un magnifique Temple qu'il y fit bâtir. Antonin le Pieux
deviendra le second fondateur de cette ville, qu'un incendie avoit presque toute
reduite en cendres ; & Adrien ajoûtera à l'Amphitheatre, au temple de Diane, à la
Tour-Magne & aux autres embellissemens de Nîmes, la superbe Basilique de Plotine.
Mais on fera remarquer que le Languedoc repondit parfaitement à tous ces honneurs,
donnant au Senat de sages Magistrats & d'éloquens Orateurs, & fournissant aux Armées de Cesar de vaillants soldats & de braves Officiers ; instituant de pompeux Sa-
crifices pour la prosperité d'Auguste, & donnant en la personne d'Antonin le Pieux,
de Carus & de Numerian son fils, des Empereurs qui ont honoré l'Empire.

On n'oubliera pas le plus heureux de tous les évenemens, sçavoir la Naissance de
Jesus-Christ, & la prédication de son saint Evangile. Il est étonnant que ces deux

faits étant les plus augustes & les plus interessants que l'on puisse imaginer, l'année du premier, soit si inconnuë, & le Siecle du second par rapport aux Gaules si contesté. Sur le premier nous suivrons la Tradition de l'Eglise Romaine : sur le second, celle de nos Eglises du Languedoc, qui remonte cette prédication vers la fin du premier Siecle de l'Incarnation, & qui donne pour premiers Evêques, Paul à Narbonne ; George au Puy, Flours à Lodeve ; Aphrodise à Beziers ; Saturnin à Toulouse, tous Saints & disciples des Apôtres. Quoiqu'il en soit, il est certain que le progrès du saint Evangile y fut retardé moins par la crainte des Edits, que par l'entêtement du Peuple pour ses anciennes superstitions ; mais la pureté de la foy, ainsi que celle des mœurs & du culte exterieur, y fut étrangement alterée durant le quatriéme Siecle, une par l'héresie d'Arius, l'autre par les révéries de Vigilance. On y verra l'Arianisme présider au Concile de Beziers en la personne de l'impie Saturnin d'Arles, & monter ensuite sur le Thrône & devenir la Religion dominante en la personne des treize premiers Rois Visigoths, comme nous le dirons dans l'époque qui suit.

III. EPOQUE. L'irruption des Vandales dans les Gaules fut cause que le Languedoc changea de Maître. L'Empereur Honorius, trop foible pour se maintenir dans ces vastes Provinces, de l'avis du Senat les ceda avec l'Espagne à Alaric & ses Successeurs Rois des Visigoths. Après donc avoir expliqué l'étenduë, les motifs & les conditions de la cession, l'origine, les mœurs, & la forme du gouvernement de ces nouveaux habitans du Languedoc ; (car ce fut la premiere Province dont ils prirent possession, & la derniere dont ils furent dépoüillez) on s'étendra sur tout ce qui s'y est passé de mémorable sous les trente Rois de cette Nation, qui l'ont gouverné péndant trois Siecles, ce qui renferme les plus beaux morceaux des Histoires, de l'Empire, de Rome, de l'Italie, de l'Affrique, de l'Espagne & de France.

On verra Rome assiegée par notre Alaric, se racheter premierement par une grosse rançon ; assiegée une seconde fois par ce Roy à qui elle ouvrit ses portes & qui y créa un Empereur ; rassiegée par le même Alaric, prise & abandonnée durant trois jours au pillage à l'exception des Eglises, & cela pour punir la perfidie d'Honorius, dont elle n'étoit pas cause. C'est ici le *quidquid delirant Reges*, comme il y avoit encore beaucoup à glaner dans cette malheureuse ville, elle fut pour la quatriéme fois la victime de la vengeance de nos Visigoths. Ataulphe, successeur d'Alaric, mais moins religieux, la fit s'accager sans exception & sans mesure ; il trouva dans les seules Eglises des richesses immenses, que la pieté des fidéles y avoient consacrées, ou que les Romains y avoient refugiées comme dans un azile ; il y trouva aussi la belle & sage Placidie, sœur de l'Empereur ; il en devint d'abord l'esclave & peu de tems après l'époux : la solemnité des nôces & le couronnement de cette premiere Reine du Languedoc se firent à Narbonne, avec une magnificence dont on auroit peine de trouver d'exemples dans l'histoire. Cet agréable & nouveau spectacle fit oublier la triste Scene qu'il avoit donnée quelque tems auparavant dans la même ville, en faisant trancher la tête aux Empereurs Jovin & Sebastien, freres, à l'un pour avoir contre sa défense associé l'autre à l'Empire, & à celui-ci pour l'avoir accepté sans sa permission. Les Rois qui après lui firent leur residence en Languedoc, ne furent pas moins fiers ; on les verra sur leur Thrône donner audience aux Ambassadeurs d'Attila, & les éconduire ; à ceux de Valentinian, & de cinq ou six autres Empereurs, qui demandoient les uns du secours, les autres la paix, & ceux-ci ne l'obtenir qu'à des conditions bien dures. On les verra au milieu de leur Cour dans Toulouse créér un Empereur, & enfin à la tête de leurs Armées, après avoir battu deux fois Attila, battre encore Valentinien; les Rois des Sueves, des Bretons, des François, & joindre la Provence, les trois Aquitaines & toute l'Espagne comme simples Provinces, à leur Royaume de Touloufe, le fiege de leur Empire.

Ces Rois étoient encore Ariens, mais plus jaloux d'étendre leurs Etats que leurs erreurs; ils laiffoient aux Catholiques une honnête liberté de confcience, & aux Evêques celle de s'affembler en Concile, & témoignant beaucoup de refpect & de confiance pour ceux de ces derniers qui étoient eftimez de fainte vie. Toutes ces condefcendances n'empêcherent pas Clovis de leur déclarer la guerre; la diverfité de Religion en fera le prétexte ou le motif; comme il n'y a rien de plus faint, rien auffi ne lui fut fi glorieux que le fuccez de la bataille de Voüillé près de Poictiers. La mort d'Alaric leur Roy, qu'il tua de fa main, fut fuivie de la conquête de quelques-unes de fes Provinces; mais le mariage de fa fille, & de deux de fes petites filles avec les Rois Vifigoths, & de trois Princeffes Vifigothes avec les Rois François, loin d'être les liens de la paix, furent une fource de guerres entre ces Princes, & de malheurs infinis pour toutes ces malheureufes Princeffes.

La converfion de notre Roy Recarede, fuivie de l'extinction de l'Arianifme, nous fournira une matiere plus agréable, ainfi que le Concile d'Agde, celui de Narbonne & les dix-fept derniers de Tolede tenus fous les Rois Vifigoths. Nos Evêques feront foigneux de s'y rendre, & ils auront l'honneur de préfider au fixiéme qui paffe pour un des plus favans.

La révolte du Comte de Nîmes contre Vuamba nous occupera quelque tems, le détail eft curieux par fes circonftances, mais très defagréable par fes fuites. Les Juifs que ce pieux Roy avoit profcrits, & que le Comte protegeoit, en étoient ou l'occafion ou la caufe; mais les fuites furent des plus tragiques pour le Languedoc, qui à la referve de deux Evêques, s'étoit laiffé entraîner dans la révolte, & avoit applaudi la création d'un nouveau Roy.

Ces playes feront à peine fermées, qu'on les verra rouvrir & de plus profondes par l'invafion de trois Princes, qui fe difputoient la poffeffion de la Province comme un bien vaquant depuis la mort du malheureux Roderic dernier Roy Vifigoth. Zema, Roy des Sarrafins, après un long fiege prendra Narbonne, paffera au fil de l'épée tous les hommes, & envoyera en Efpagne les femmes & les enfans. Eudes, Duc d'Aquitaine, s'étoit emparé de Touloufe avant qu'elle fût affiegée par ce même Roy, & arriva affez à tems pour le chaffer, le battre, & le laiffer au nombre des morts. Charles Martel, Prince des François viendra après eux, brûlera Avignon, Nîmes, Agde, Beziers, & s'en retournera bien fâché de n'avoir pû chaffer de Narbonne les Sarrafins, qu'il tenoit affiegé depuis quatre ou cinq ans.

Le Ciel réfervoit à la pieté de nos Evêques & au courage de nos Comtes la gloire de s'affranchir eux-mêmes du joug des Infidéles, & de fe donner un Roy très-Chrétien en la perfonne de Pepin à qui ils ouvrirent les portes de leurs Villes fous les conditions réciproques de protection & de fidélité, de conferver leurs privileges, & les laiffer vivre felon leurs loix; (c'étoit les Gothiques) conditions qui marquent non pas un Peuple conquis & qui reçoit la loy, mais qui la prefcrit en quelque maniere à celui qu'il fe choifit pour Maître. Et en effet le Languedoc ne s'appercevra d'avoir paffé fous l'empire des Rois de France, que par l'honneur que lui feront les trois premiers Empereurs François de le différencier de leurs autres Provinces, en le rétabliffant dans fon ancienne prérogative de Royaume fous les noms de Gothie & de Septimanie, du refte fidéles aux conventions ftipulées avec leur

Pere & Ayeul. Il ne se parlera point d'impôts ni de partages de terres : on confirmera les Loix Gothiques : il ne sera rien changé dans la forme du Gouvernement ; les Rois, comme il étoit d'usage, envoyeront dans les principales Villes pour y administrer la justice, les armes & les finances, certains Officiers qu'alors on appelloit Comtes. Mais il arriva que ces Comtes se prévalant tantôt de la confiance des Rois, tantôt des guerres qu'ils avoient sur les bras, & toûjours de la foiblesse du Gouvernement, de simples Commissionnaires qu'ils étoient, s'érigerent peu-à-peu en Souverains chacun dans l'étenduë d'une ou de plusieurs Comtez, & y en éxerçoient tous les droits. On sera surpris que dans un Pays long d'environ quatre-vingt lieües, sur trente-cinq à quarante de large, il s'en soit élevé dix à douze, & qu'ils se soient maintenus dans cette indépendance durant plus de quatre cens ans ; & nous voici à la quatriéme époque que nous appellerons le Languedoc sous les Comtes.

IV. Epoque. Il est aisé d'imaginer que cette multitude de petits Souverains ne pouvoit être, comme elle fut, qu'une source de jalousies ; & c'est aussi ce qui tiendra la Province dans une perpétuelle agitation, ou dans son tout, ou dans quelques-unes de ses parties. Mais au milieu de ses troubles, il s'y passera des choses très-considérables pour la Religion & pour l'Etat Politique. Telles sont pour la Religion la convocation de vingt Conciles Provinciaux, l'institution de quelques nouveaux Ordres Religieux Hospitaliers, Militaires & mixtes, & la fondation de plus de cent Abbayes : telles sont encore les élections des Evêques faites par les Chapitres, rarement par les Papes, jamais par les Rois, & presque toûjours unanimes ; ce qui marque d'un côté la droiture des Electeurs, & d'autre le mérite personnel des Elûs qu'on prenoit ordinairement *de gremio* du Corps du Chapitre, ou des Originaires du Pays, ou de quelques Abbayes de la Province. Quelle ample & riche matiere fourniront à l'Histoire tant d'Evêques, Abbez & Ecclesiastiques du second Ordre ; les uns par les refus de ces Dignitez, les autres par la démission volontaire ; quelques-uns par l'expulsion ou dégradation, un grand nombre par leur zele pour la pureté de la Foy contre les Hérétiques, pour l'integrité des mœurs contre les déréglemens du peuple, & pour le maintien de la discipline contre le relâchement des Clercs & des Moines ; enfin pour la défense des droits de leurs Eglises contre les usurpateurs, plusieurs ayant souffert pour un ou deux, ou pour tous ces sujets-là les persécutions, l'éxil, la perte des biens, la prison, & même la mort.

Comme les Archevêques de Narbonne étoient à la tête de ce Clergé, ils se trouveront dans tous ces cas plus souvent que les autres ; & de plus ils auront à défendre le patronage de leur Eglise contre les Vicomtes de Narbonne. La qualité des Ducs de Gothie ou Narbonne contre les Comtes de Touloufe, leur indépendance contre les Archevêques de Bourges, d'Arles, de Tolede & de Vienne, leur Primatie contre ceux de Tarragone & d'Aix, & enfin la Présidence aux Etats contre leurs Suffragans. Le détail de ces petites guerres sera d'autant plus agréable, que la discussion du droit est intéressante.

Le reste de cette époque qui regarde presque tout l'Etat Politique, n'offrira presque rien que de triste ; ce sera une bigarrure de séditions réïterées dans plusieurs Villes, d'autant plus cruelles, qu'elles se faisoient de citoyen à citoyen, d'ami à ami, de frere à frere, de pere à fils, que le malheur ou l'interêt trouvoit engagés dans des partis opposés de mariages, de divorces, de polygamies célébres par la qualité des perfonnes, & par la fingularité des circonftances. De fondation de quatre nouvelles Villes, qui après Touloufe font aujourd'hui les plus peuplées & les plus riches, & que nous verrons durant de certains temps les plus révoltées contre la Religion & contre l'Etat; de révoltes de Villes contre les Comtes, dont ils chafferont les uns, maffacreront les autres, & à leur tour feront elles-mêmes maffacrées par les Comtes. Ce fera enfin un mélange de batailles, de fiéges & de guerres des Comtes de Touloufe contre les Rois d'Angleterre, d'Efpagne & de France, contre les Comtes de Provence, de Barcelone, de Poitiers, de Melguail, de Beziers, de Rhodes. Le Languedoc en étoit le théâtre; mais celles que nous y verrons les plus communes durant plus de deux cens ans, ce feront les guerres de Religion. Rien de fi glorieux pour la Province, que celles qu'elle a faites au dehors & dans les Pays étrangers par fes Comtes, Seigneurs & Evêques, ni rien de fi funefte que celles que fes mêmes Comtes fauteurs des Albigeois lui ont attirées dans fon fein. Ces Comtes & Evêques, après avoir mené en différens temps, de nombreufes Croifades, foit en la Terre-Sainte contre les Turcs, foit en Efpagne contre les Sarrafins, verront leurs Etats inondez d'un million de Croifez & Etrangers qui y exerceront durant vingt-cinq à trente ans toutes les hoftilitez qu'un zele de Religion trop ardent a coûtume d'infpirer; ce qui fera caufe du dépeuplement du Languedoc. Les Croifez d'une part, les Inquifiteurs de l'autre, feront périr par le feu, par le fer, ou par l'éxil, la plus grande partie des Habitans, & avec eux prefque toute l'ancienne Nobleffe; leurs Châteaux feront rafez, leurs Terres confifquées : il fera même défendu à leurs veuves & filles de fe marier pendant dix ans à d'autres qu'à des Etrangers; cela fera un nouveau monde, & fera caufe que la Province paffera immédiatement fous les Rois François, c'eft la cinquiéme & derniere époque.

V. Epoque.

Cette époque, ainfi que la précédente, quoyque mélangée de chofes qui n'ont que peu ou point de liaifon, fera bien plus intéreffante, en ce que l'on verra de plus près, & comme fous les yeux, les faits qui feront rapportez, & que les plus confidérables familles y trouveront avec leur nom, la part que leurs Ancêtres y ont eûë, & la gloire ou le blâme (car on ne déguifera rien) qu'ils fe font acquis dans le Clergé, dans l'Epée, dans la Robe, dans la Science ou dans les beaux Arts.

Le Clergé Séculier y verra avec plaifir l'érection de deux nouveaux Archevêchez, d'onze Evêchez, & du double des Collegiales. Le Régulier, la fondation de trois cens Monafteres de divers Ordres; tous les deux, la création de trois Papes pris de l'un & de l'autre Clergé, & que le mérite plus que la naiffance a élevés à cette fublime Dignité. La Nobleffe n'aura pas moins de plaifir d'y voir la fondation des grands Prieurs de S. Giles, de Touloufe, & des foixante & dix Commanderies qui en dépendent; la création de quatre Grands-Maîtres de Rhodes & de Malthe, celle de cinq Maréchaux de France, de plufieurs Généraux d'Armée, & Gouverneurs de Provinces, de Villes ou de Châteaux.

Ceux qui aiment le Barreau, y apprendront le temps de l'érection & fixation du Parlement, & des autres Cours Supérieures & Subalternes, les caufes de leur divifion, réünion ou tranflation, & l'étenduë de la Jurifdiction, foit pour les lieux, pour les perfonnes & pour les chofes; & les Sçavans ne feront peut-être pas fâchez qu'on les faffe fouvenir quand & comment furent fondées les Univerfitez de Montpellier & de Touloufe, & que cinq d'entre les Profeffeurs qui y ont enfeigné l'un & l'autre Droit, ont été faits Papes. On leur rappellera auffi la mémoire des

Jeux-Fleuraux, de la fondation de vingt Colleges publics, & de la création des
Académies des Sciences & des beaux Arts. On aura foin enfin de marquer le
nom, & s'il fe peut, le Pays & la famille, avec les actions de ceux qui d'entre ces
cinq différens Ordres, fe feront les plus diftinguez dans l'Eglife, dans les Armes,
dans la Magiftrature, dans les Sciences, & dans le Gouvernement Politique. Mais
comme ce Gouvernement regarde fpécialement Meffeigneurs les Etats Généraux,
qui font les Peres de la Province, on n'en parlera qu'incidemment & par occafion.
Cette augufte Affemblée, fon objet & les affaires qui s'y traitent, font un Corps
féparé qui ne peut entrer dans celui de l'Hiftoire générale: ni comme Partie, elle
feroit prefque auffi grande que le tout : ni par Epifodes, elles feroient trop fré-
quentes; on en donnera une Hiftoire particuliere qui ne fera gueres moins étenduë que la generale, & fera bien plus intéreffante.

On ne pourra pas fe difpenfer d'entrer dans le détail des différends d'entre le
Pape Boniface & Philippe le Bel, & ceux de ce Roy avec l'Evêque de Pamiers & avec
les Templiers. Ces trois chofes qui ont fait tant d'éclat dans le monde, font partie de notre Hiftoire, en ce que je ne fçai par quelle fatalité tous les principaux
Acteurs de ces trois Tragédies fe trouvent appartenir au Languedoc à titre ou de
naiffance, ou de gros Benefices, ou de belles Seigneuries, & plufieurs à ces trois
titres. Dans l'affaire de Boniface, les Evêques de Viviers & de Pamiers avec l'Ar-
chidiacre de Narbonne, furent porteurs de paroles ou de Brefs peu dignes de leur
miniftere, & moins encore de la gravité d'un Pape. Le Sieur de Nogaret, le
Vicomte de Narbonne, & Sciarra Colomna fon beau-frere, le firent prifonnier; &
le même Nogaret avec le Sieur Dupleffis Marquis de Vezenobre fes accufateurs,
en pourfuivirent la dépofition jufqu'au tombeau, & la condamnation même après
fa mort. Dans celle de l'Evêque de Pamiers, ce Prélat eut pour Dénonciateur le
Sieur   ; pour Témoins des chefs d'accufation les Evêques de
Beziers, de Maguelone, avec l'Abbé de S. Papoul, & le Comte de Cominges; &
pour Juges fon Métropolitain, avec deux de fes Suffragans. Pour ce qui eft des
Templiers, le Commandeur de Montfaucon fut le premier Délateur, celui de la
Nogarede un des premiers Témoins. Le Pape envoya l'Abbé de Cruas pour in-
former, & nomma l'Archevêque de Narbonne & l'Evêque de Tolede, avec l'Archi-
diacre de Maguelone pour inftruire avec trois autres, & juger définitivement le Pro-
cès. Enfin le même Evêque de Mandes fut chargé par les Peres du Concile de
Vienne de donner fon Avis par écrit ; & fon Avis qui concluoit à l'extinction de
cet Ordre, fut approuvé & éxecuté.

Il femblera au refte que pendant cent à fix-vingt ans les Papes, les Princes François & les Anglois, euffent confpiré la ruine de la Province, qu'ils en avoient fait
le partage, & convenu que chacun défoleroit le lot qui lui étoit échû.

On verra les Eglifes & les Titulaires abandonnées au pillage de la Cour de Rome
par l'érection de nouveaux Bénéfices, par les Tranflations, par les Penfions, &
par les Réferves durant le Schifme & la réfidence des Papes à Avignon; les Villes
& la Bourgeoifie au pillage du Dauphin, des Ducs de Berry & d'Armagnac, des
Comtes de Foix & des Princes d'Orange, qui s'en difputoient le Gouvernement
pendant la maladie de Charles VI. les Châteaux, Villages, & toute la campagne
en proye à la fureur des Anglois durant & après la prifon du Roy Jean; mais ces
maux quoyque grands, paroîtront legers, fi on les compare à ceux que la Province
fe caufera à elle-même, en armant durant quarante à cinquante ans fes propres

enfans

enfans, lefquels au fujet de la Religion lui feront une guerre dans laquelle on n'épargnera ni Eglifes, ni Evêques, ni Magiftrats, ni Parens, ni Amis, ni Villes, ni Bourgades. L'Edit de Nantes en fufpendra un peu le cours; mais il n'éteindra pas tout le feu. Loüis XIII. fe verra obligé d'y venir, & de faire en perfonne les fiéges de Privas, de Montpellier, qui lui réüffiront mieux que celui de Montauban. La révocation de cet Edit rallumera le feu fur lequel on jettera durant quelques années les cendres d'une fauffe converfion; & à la faveur de ce manteau on conclura des Traitez avec les ennemis de l'Etat; & alors l'on verra tout à coup fortir des Sevenes comme d'un Vefuve les flames de la révolte, & retracer dans ces affreufes montagnes & dans les lieux voifins, les barbaries que les Albigeois leurs peres & les Calviniftes leurs ayeuls y avoient éxercées. On fçait l'inquiétude que cette révolte donna à la Cour, & que le feu Roy d'heureufe mémoire crut ne pouvoir l'étouffer dans le Canton que par le brûlement des habitations & l'éxil des Habitans.

Afin de mettre dans tout fon jour l'Hiftoire Politique du Languedoc, dont nous venons de faire le plan, & d'en rendre la lecture plus agréable & plus inftructive, elle fera précédée comme d'un flambeau de l'Hiftoire naturelle & artificielle, c'eft-à-dire, de ce que Dieu y a mis dans la création, & de ce que l'induftrie des hommes y a ajoûté. Une Carte Géographique en fera connoître la fituation, la figure & l'étenduë; fa divifion en Evêchez & Gouvernemens; fes Villes, fes Fortereffes; fes Edifices publics, les Montagnes; les cinquante-fix Rivieres qui l'arrofent; fes Ponts, fes Aqueducs; fes Baffins, le Canal Royal; fes Ports, & fes Côtes maritimes. On fera remarquer tout ce qu'il y a de curieux dans chacune de ces chofes; & pour la fatisfaction des Etrangers, on accompagnera de plans, de vûës & de figures gravées celles qui en feront fufceptibles.

Il feroit difficile au refte de marquer ce qui manque à cette belle Province pour le foûtien & pour les agrémens de la vie. Le Peuple naturellement induftrieux & œconôme, y trouve abondamment dequoi fournir à fes befoins, à fes plaifirs, & à fon Commerce qui eft des plus opulens; il femble même que la nature qui eft affez avare de fes merveilles, les ait prodiguées au Languedoc, ou du moins qu'elle a pris plaifir d'y réünir celles qu'elle a difperfées dans le refte du monde. Outre les végétaux & les marcafites qui s'y trouvent en grand nombre, & dont quelques-uns lui font particuliers, on y voit des Pactoles charrier avec leur fable les Paillettes d'Or & d'Argent, & quelquefois les Diamans & les Perles; des Petroles découler l'Huile & le Bytume; des Rochers, l'un du milieu d'une campagne s'élever en pyramide réguliere à la hauteur de quatre cens quarante-huit pieds, & l'autre, comme celui de Harpafo, s'ébranler fenfiblement lorfqu'on le pouffe du bout du doigt, & devenir immobile fi l'on y employe toute fa force, *digito mobilis, toto corpore immobilis*. On y voit des Lacs fur le fommet des Montagnes hautes de fept à huit cens toifes, des Puits qui régorgent d'eau en Eté, & font à fec durant l'Hyver. Mais on ne croit pas qu'il fe voye dans tout le monde rien d'auffi merveilleux que la Fontaine de Belefta au Diocèfe de Mirepoix; pendant cinq mois elle croît régulierement de demie heure en demie heure vingt-quatre fois chaque jour naturel & fi fenfiblement, que par fes réciprocations elle fait enfler & défenfler la petite Riviere de Lits dans laquelle elle fe décharge, & où il femble que fe noyent avec elle tous les Syftêmes que les Philofophes ont imaginés fur les caufes du Flux & Reflux.

Plin. lib. 20. cap. 9.

Ce nouveau Projet d'Histoire, comme l'on peut voir par cette ébauche des principales matieres, montre l'étenduë & les difficultez de l'entreprise : mais quoyque l'on ait rien à se reprocher touchant l'obligation de s'employer uniquement à la recherche de tout ce que l'on a crû pouvoir l'enrichir, & que même l'on ait lieu d'être assez content des découvertes & de la moisson que l'on a faite, le champ est si vaste, que l'on n'ose se flatter de n'y avoir rien laissé à glaner; & d'ailleurs il a été jusqu'à présent si peu défriché, qu'il est impossible que bien des évenemens considérables n'ayent échappé à nos veilles; c'est ce qui nous oblige d'inviter toutes les Personnes de Lettres, & particulierement ceux qui sont plus versés dans la connoissance du Languedoc, à vouloir nous communiquer les Mémoires qui peuvent contribuer à la perfection de cet Ouvrage, & d'assûrer ceux qui nous les communiqueront, ou qui se donneront la peine de composer eux-mêmes des morceaux d'Ouvrages entiers, Dissertations, Descriptions, ou quelqu'autres Piéces, d'en recevoir tout l'honneur qu'ils peuvent raisonnablement desirer, & qu'on ne prétend point s'attribuer la gloire qui leur est dûë.

Les Personnes qui auront quelques Mémoires à donner touchant cette Histoire, auront la bonté de les addresser au R. Pere Général de la Congrégation de S. Maur, dans l'Abbaye de S. Germain des Prez, à Paris. 1720.